AF188084

Impressum
Verlag: BABADADA GmbH, Nedderfeld 112 , 22529 Hamburg
Geschäftsführer / Verlagsleitung: Harald Hof
Druck: Books on Demand GmbH, In de Tarpen 42, 22848 Norderstedt

Imprint
Publisher: BABADADA GmbH, Nedderfeld 112 , 22529 Hamburg, Germany
Managing Director / Publishing direction: Harald Hof
Print: Books on Demand GmbH, In de Tarpen 42, 22848 Norderstedt, Germany

школа

škola

классная комната
učionica

делить
dijeliti

186/2

доска
tabla

школьный двор
školsko dvorište

учитель
učitelj, nastavnik

бумага
papir

писать
pisati

ручка
olovka

письменный стол
pisaći sto

линейка
lenjir

книга
knjiga

ученик
učenik

ранец

torba

пенал

pernica

карандаш

drvena olovka

точилка

šiljalo za olovke

ластик

gumica

альбом для рисования

blok za crtanje

рисунок

crtež

кисточка

kist

коробка красок

kutija s bojama

ножницы

makaze

клей

ljepilo

тетрадь

vježbanka

домашняя работа

domaća zadaća

цифра

broj

прибавлять

sabirati

вычитать

oduzimati

умножать

množiti

считать

računati

буква

slovo

алфавит

abeceda

hello

слово

riječ

текст
tekst

читать
čitati

мел
kreda

урок
sat

классный журнал
školski dnevnik

экзамен
ispit

диплом
svjedočanstvo

школьная форма
školska uniforma

образование
izobrazba

энциклопедия
leksikon

университет
univerzitet

микроскоп
mikroskop

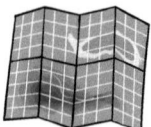

карта
karta

корзина для бумаг
korpa za papir

путешествие

putovanje

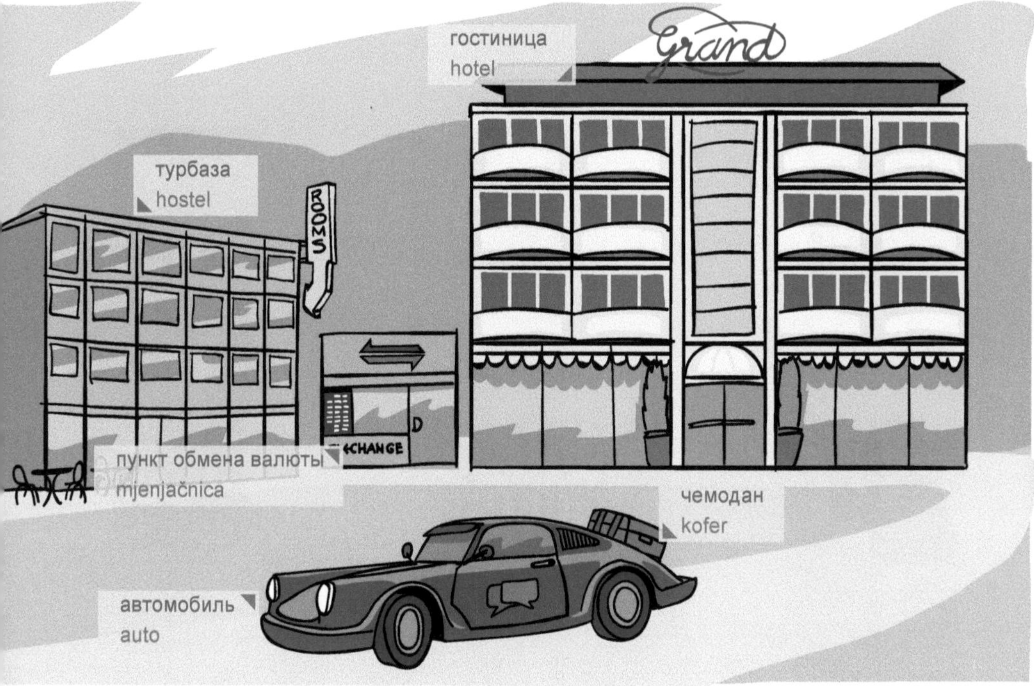
Grand
гостиница
hotel
турбаза
hostel
ROOMS
пункт обмена валюты
mjenjačnica
чемодан
kofer
автомобиль
auto

язык

jezik

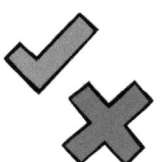

да / нет

da / ne

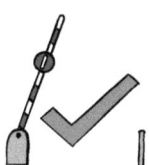

хорошо

okej

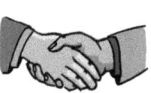

Привет

zdravo

переводчик

tumač

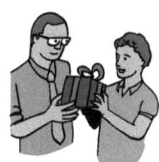

Спасибо

hvala

Сколько стоит...?

Koliko košta...?

Я не понимаю

Ne razumijem

проблема

problem

Добрый вечер!

dobro veče!

Доброе утро!

Dobro jutro!

Добр婦ой ночи!

Laku noć!

До свидания

doviđenja

направление

smjer

багаж

prtljag

сумка

torba

рюкзак

ruksak

гость

gost

комната

soba

спальный мешок

vreća za spavanje

палатка

šator

туристическая
информация
turističke informacije

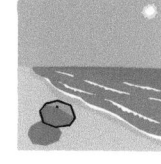

пляж

plaža

кредитная карточка

kreditna kartica

завтрак

doručak

обед

ručak

ужин

večera

билет

putna karta

лифт

lift

почтовая марка

poštanska markica

граница

granica

таможня

carina

посольство

ambasada

виза

viza

паспорт

pasoš

транспорт
transport

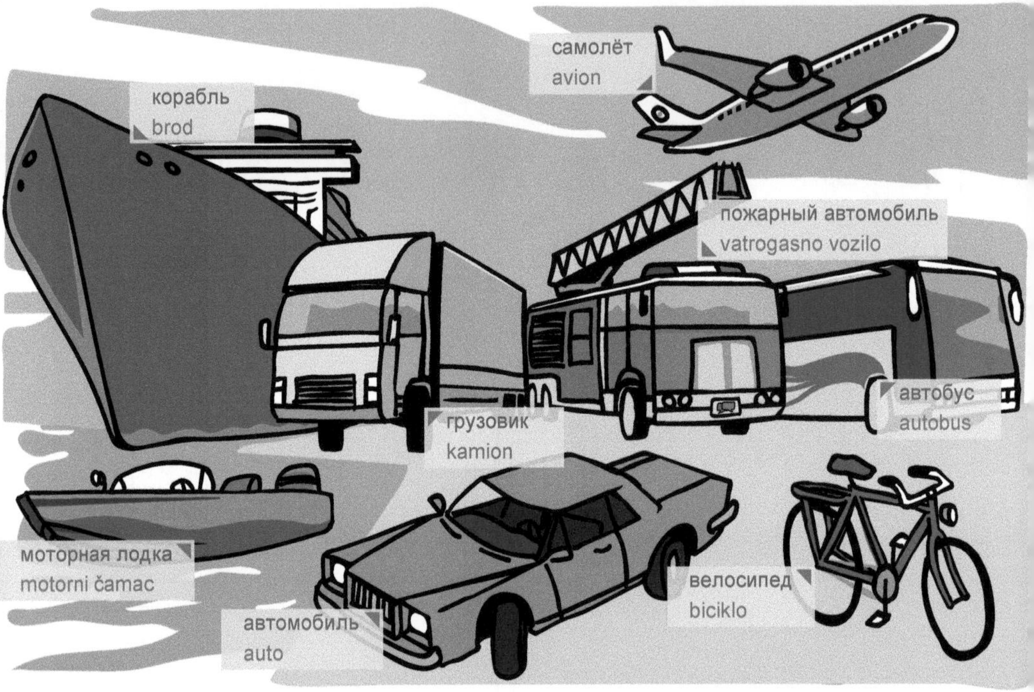
самолёт
avion
корабль
brod
пожарный автомобиль
vatrogasno vozilo
автобус
autobus
грузовик
kamion
моторная лодка
motorni čamac
велосипед
biciklo
автомобиль
auto

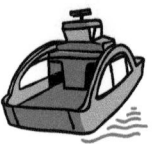

паром
trajekt

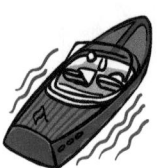

лодка
brod

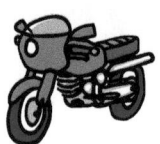

мотоцикл
motocikl

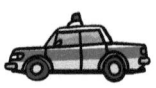

полицейский автомобиль
policijski automobil

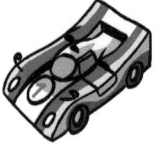

гоночный автомобиль
trkaći automobil

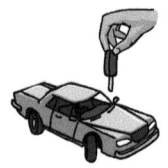

арендованный автомобиль
unajmljeni automobil

совместное пользование
автомобилями

kar-šering

буксировочный
автомобиль
pauk

мусоровоз

smećarsko vozilo

двигатель

motor

топливо

gorivo

заправка

benzinska pumpa

дорожный знак

saobraćajni znak

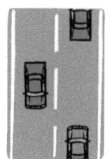

движение

saobraćaj

пробка

zastoj

автостоянка

parking

вокзал

željeznička stanica

рельсы

šine

поезд

voz

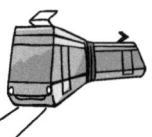

трамвай

tramvaj

вагон

vagon

вертолёт

helikopter

аэропорт

aerodrom

вышка

toranj

пассажир

putnik

контейнер

kontejner

коробка

karton

тележка

tačke

корзина

korpa

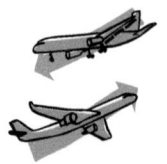

взлетать / приземляться

poletjeti / sletjeti

город

grad

деревня

selo

центр города

centar grada

дом

kuća

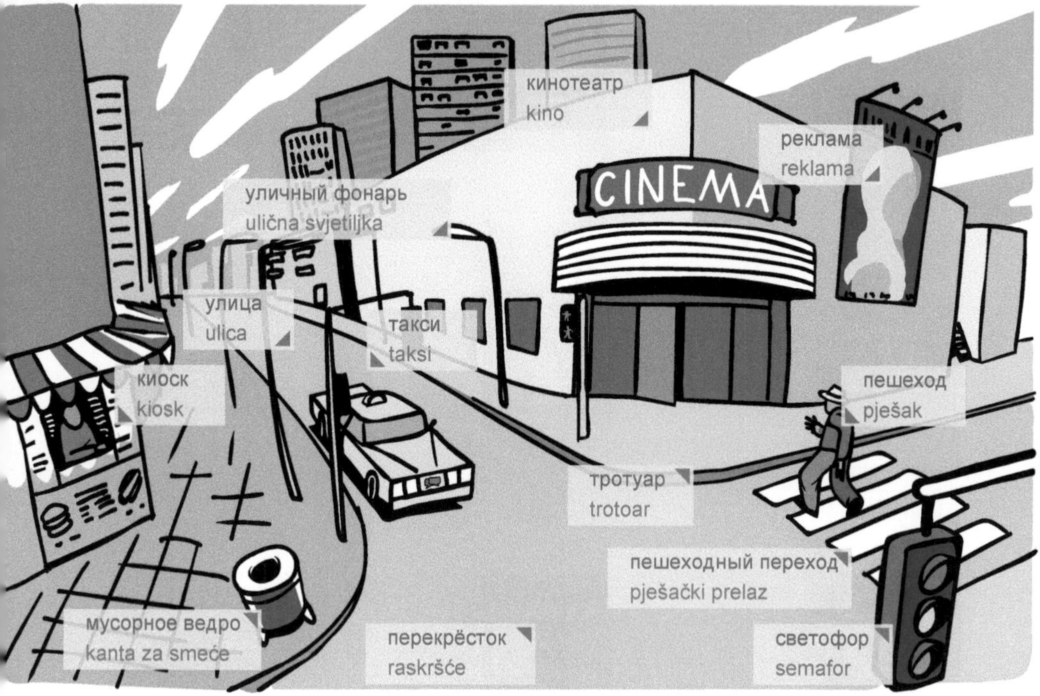

кинотеатр
kino

реклама
reklama

уличный фонарь
ulična svjetiljka

CINEMA

улица
ulica

такси
taksi

пешеход
pješak

киоск
kiosk

тротуар
trotoar

пешеходный переход
pješački prelaz

мусорное ведро
kanta za smeće

перекрёсток
raskršće

светофор
semafor

хижина

koliba

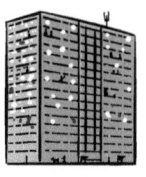

квартира

stan

вокзал

željeznička stanica

ратуша

vjećnica

музей

muzej

школа

škola

университет

univerzitet

банк

banka

больница

bolnica

гостиница

hotel

аптека

apoteka

офис

ured

книжный магазин

knjižara

магазин

radnja

цветочный магазин

cvjećara

супермаркет

supermarket

рынок

pijaca

универмаг

robna kuća

торговец рыбой

prodavač ribe

торговый центр

trgovački centar

порт

luka

парк

park

скамейка

klupa

мост

most

лестница

stepenice

метро

podzemna željeznica

тоннель

tunel

автобусная остановка

autobuska stanica

бар

bar

ресторан

restoran

почтовый ящик

poštanski sandučić

табличка с названием улицы

saobraćajni znak

паркометр

sat za naplatu parkinga

зоопарк

zoološki vrt

бассейн

bazen

мечеть

džamija

ферма

seosko imanje

загрязнение окружающей среды

zagađenje okoline

кладбище

groblje

церковь

crkva

детская площадка

igralište

храм

hram

ландшафт
krajolik

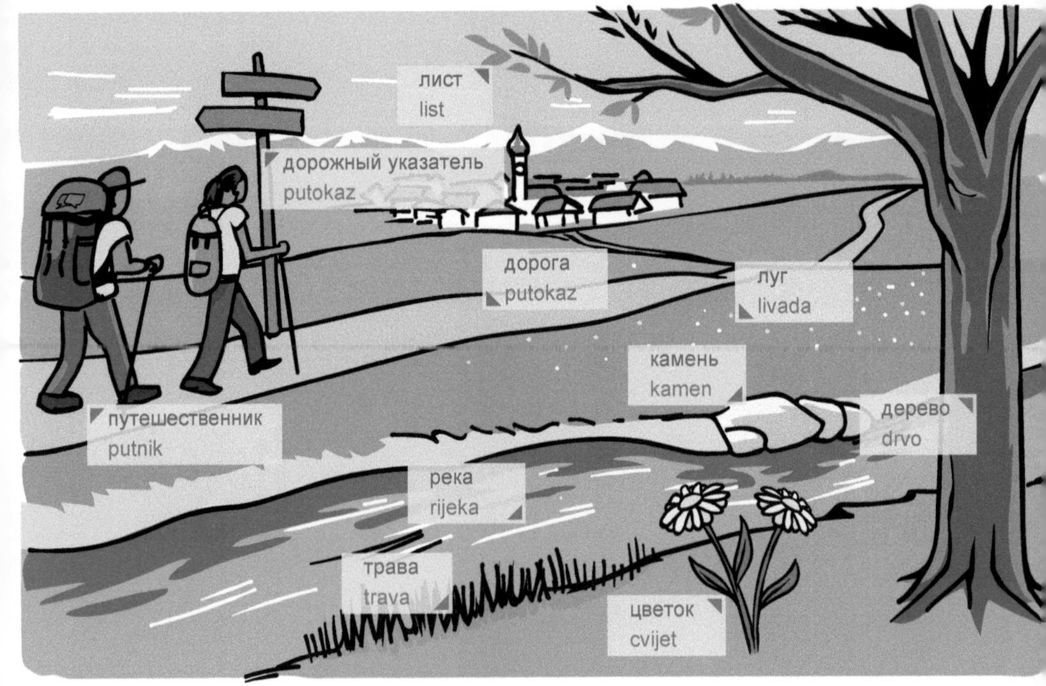

лист
list

дорожный указатель
putokaz

дорога
putokaz

луг
livada

камень
kamen

дерево
drvo

путешественник
putnik

река
rijeka

трава
trava

цветок
cvijet

долина
dolina

гора
brdo

озеро
jezero

лес
šuma

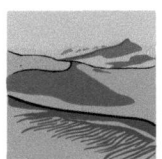

пустыня
pustinja

вулкан
vulkan

замок
dvorac

радуга
duga

гриб
gljiva

пальма
palma

комар
komarac

муха
muha

муравей
mrav

пчела
pčela

паук
pauk

жук

buba

лягушка

žaba

белка

vjeverica

еж

jež

заяц

zec

сова

sova

птица

ptica

лебедь

labud

кабан

divlja svinja

олень

jelən

лось

los

плотина

brana

ветряной генератор

vjetrenjača

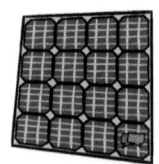

солнечная батарея

solarni modul

климат

klima

ресторан
restoran

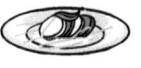

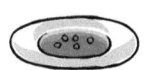

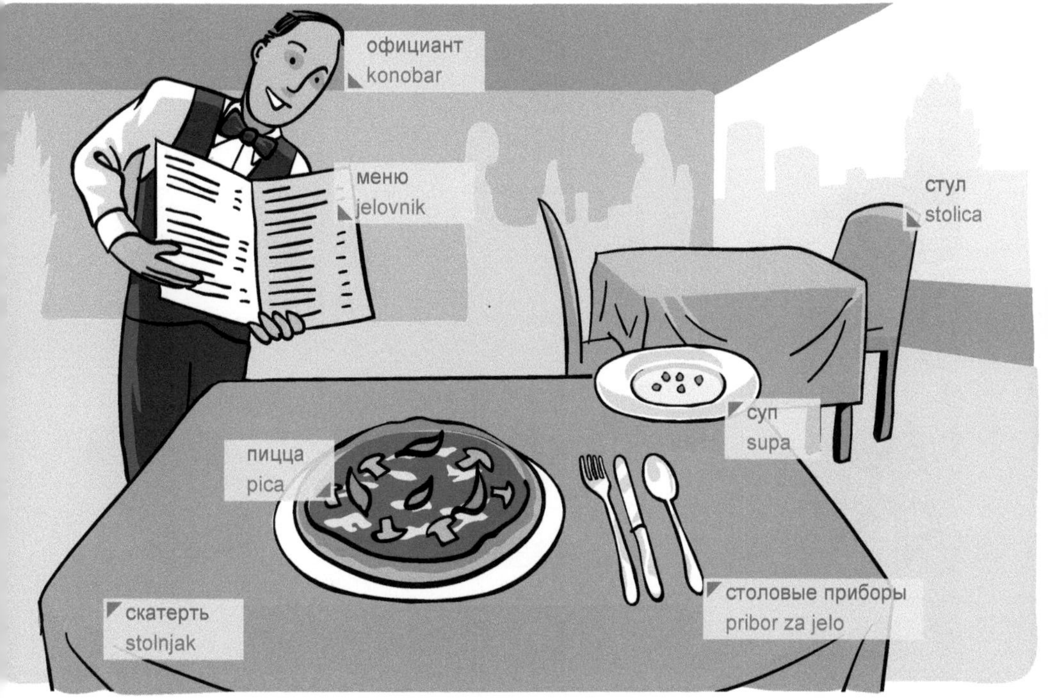
официант
konobar
меню
jelovnik
стул
stolica
суп
supa
пицца
pica
столовые приборы
pribor za jelo
скатерть
stolnjak

закуска

predjelo

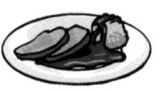

главное блюдо

glavno jelo

десерт

desert

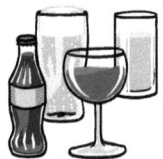

напитки

piće

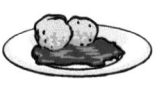

еда

jelo

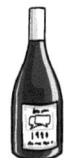

бутылка

flaša

фастфуд

brza hrana

уличная еда

jelo sa ulice

чайник

čajnik

сахарница

šećernica

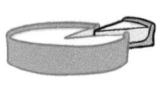

порция

porcija

кофеварка

mašina za espreso

детский стульчик

barska stolica

счет

račun

поднос

tacna

нож

nož

вилка

viljuška

ложка

kašika

чайная ложка

kašičica

салфетка

salveta

стакан

čaša

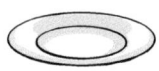

тарелка

tanjir

суповая тарелка

tanjir za supu

блюдце

tanjurić

соус

sos

солонка

solanik

мельница для перца

mlin za biber

уксус

sirće

масло

ulje

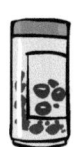

специи

začini

кетчуп

kečap

горчица

senf

майонез

majoneza

супермаркет
supermarket

специальное предложение
ponuda
FOR
покупатель
klijent
молочные продукты
mliječni proizvodi
фрукты
voće
тележка для покупок
kolica za kupovinu

BUTCHERS

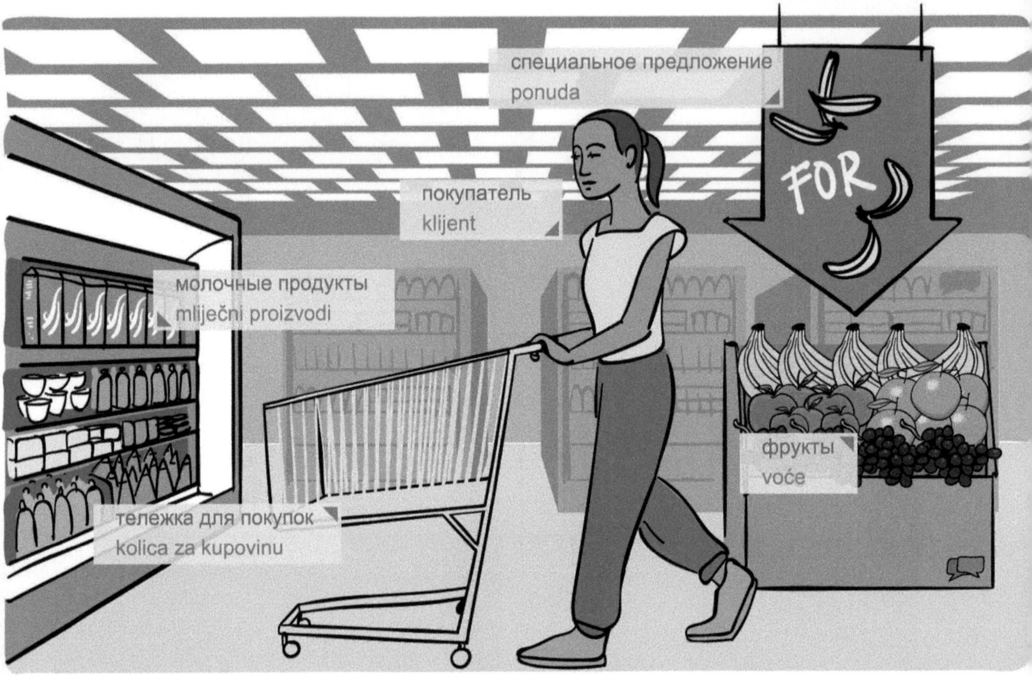

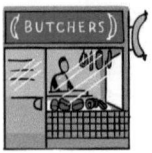

мясной магазин

mesnica- klaonica

BAKERY

пекарня

pekara

взвешивать

vagati

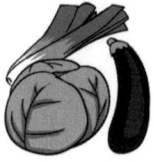

овощи

povrće

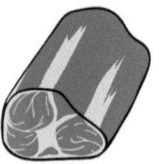

мясо

meso

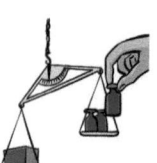

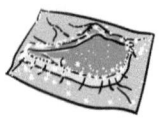

быстрозамороженные продукты

zaleđena hrana

нарезка

narezak

консервы

konzerve

стиральный порошок

prašak za veš

сладости

slatkiši

предмет домашнего обихода

kućanski proizvodi

моющее средство

sredstvo za čišćenje

продавщица

prodavačica

касса

kasa

кассир

blagajnik

список покупок

lista za kupovinu

OPEN

время работы

radno vrijeme

бумажник

novčanik

BANK XY

1234 5678 9012 3456

кредитная карточка

kreditna kartica

сумка

torba

полиэтиленовый пакет

najlonska vrećica

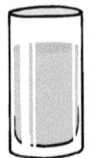 

вода

voda

сок

sok

молоко

mlijeko

кока-кола

kola

вино

vino

пиво

pivo

алкоголь

alkohol

какао

kakao

чай

čaj

кофе

kafa

эспрессо

espreso

капучино

kapućino

банан

banana

яблоко

jabuka

апельсин

narandža

арбуз

lubenica

лимон

limun

морковь

mrkva

чеснок

bijeli luk

бамбук

bambus

лук

crveni luk

гриб

gljiva

орехи

orašasti plodovi

лапша

pasta

спагетти

špagete

рис

riža

салат

salata

картофель фри

pomfrit

жареный картофель

pečeni krompir

пицца

pica

гамбургер

hamburger

сэндвич

sendvič

шницель

šnicla

ветчина

šunka

салями

kobasica

колбаса

kobasica

курица

kokoš

жаркое

pečenje

рыба

riba

овсяные хлопья

zobene pahuljice

мюсли

muzli

кукурузные хлопья

kornfleks

мука

brašno

круассан

kroason

булочка

zemičke

хлеб

kruh

тост

tost

печенье

keksi

масло

maslac

творог

svježi sir

пирог

kolač

яйцо

jaje

яичница

jaje na oko

сыр

sir

мороженое

sladoled

сахар

šećer

мёд

med

мармелад

marmelada

крем с нугой

nugat krema

карри

kuri

ферма
seosko imanje

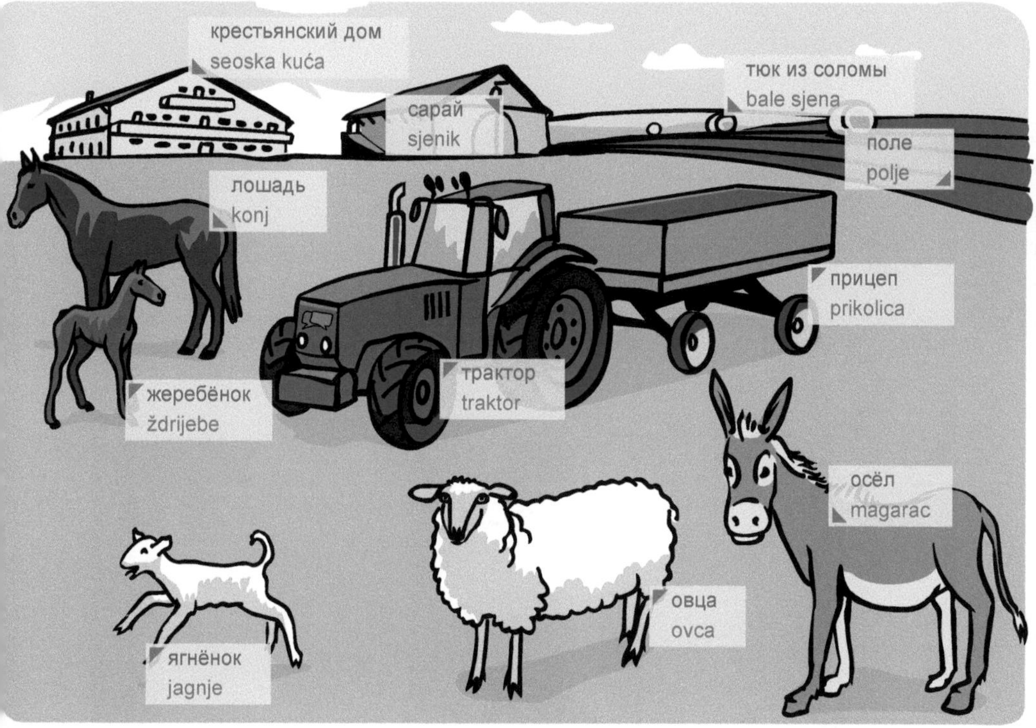

крестьянский дом
seoska kuća
сарай
sjenik
тюк из соломы
bale sjena
поле
polje
лошадь
konj
прицеп
prikolica
трактор
traktor
жеребёнок
ždrijebe
осёл
magarac
овца
ovca
ягнёнок
jagnje

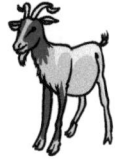

коза
....
koza

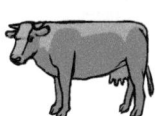

корова
....
krava

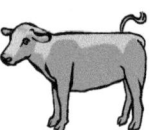

телёнок
....
tele

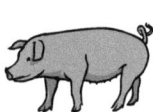

свинья
....
svinja

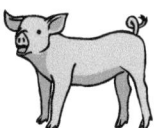

поросёнок
....
prase

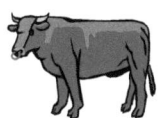

бык
....
bik

гусь

guska

утка

patka

цыплёнок

pile

курица

kokoška

петух

pjetao

крыса

pacov

кошка

mačka

мышь

miš

вол

vol

собака

pas

конура

pseća kućica

садовый шланг

crijevo za baštu

лейка

kanta za zalijevanje

коса

kosa

плуг

plug

ферма - seosko imanje

серп

srp

мотыга

motika

навозные вилы

vile

топор

sjekira

тачка

tačke

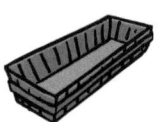

корыто

korito

бидон для молока

bokal za mlijeko

мешок

vreća

забор

ograda

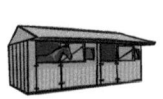

хлев

štala

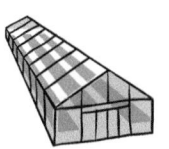

теплица

staklenik

почва

tlo

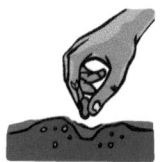

посев

sjeme

удобрение

đubrivo

комбайн

kombajn

собирать урожай

kositi

урожай

žetva

ямс

jam korijen

пшеница

pšenica

соя

soja

картофель

krompir

кукуруза

kukuruz

рапс

uljana repica

фруктовое дерево

drvo voća

маниок

manioka

злаки

žito

ферма - seosko imanje

дом
kuća

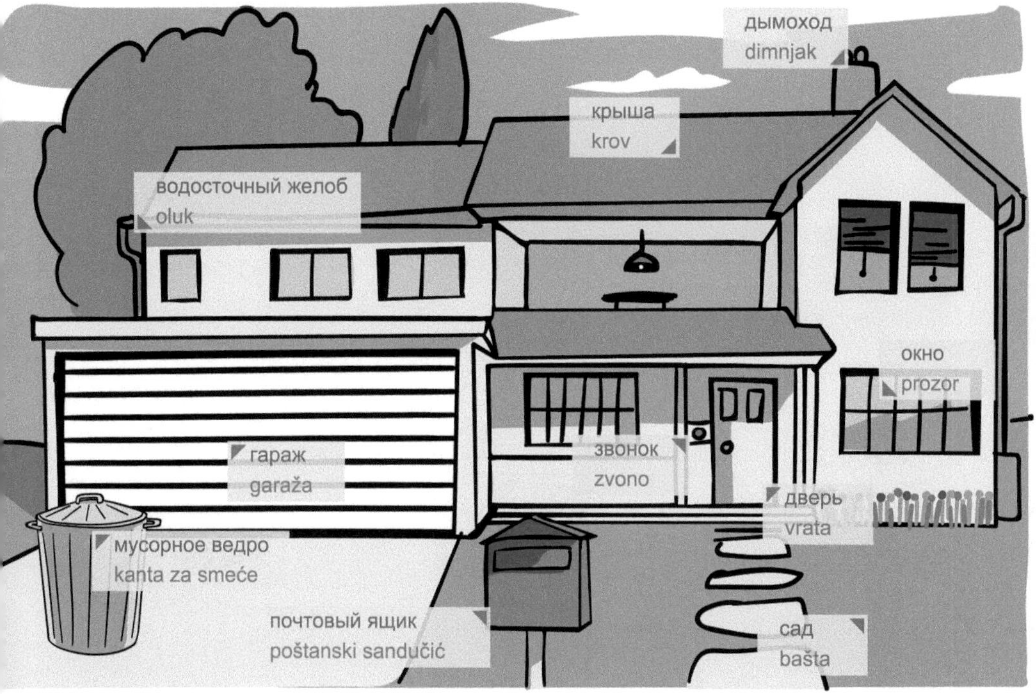
дымоход
dimnjak
крыша
krov
водосточный желоб
oluk
окно
prozor
гараж
garaža
звонок
zvono
дверь
vrata
мусорное ведро
kanta za smeće
почтовый ящик
poštanski sandučić
сад
bašta

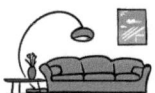

гостиная

dnevni boravak

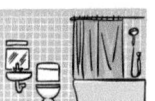

ванная комната

kupatilo

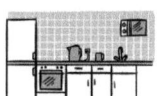

кухня

kuhinja

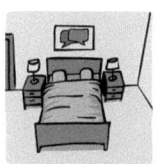

спальня

spavaća soba

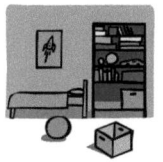

детская комната

dječija soba

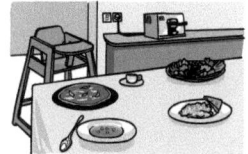

столовая

trpezarija

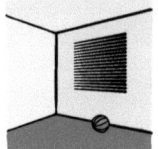

пол

pod, tlo

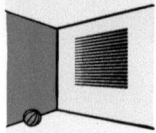

стена

zid

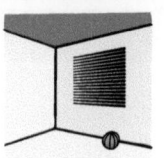

потолок

plafon

подвал

podrum

сауна

sauna

балкон

balkon

терраса

terasa

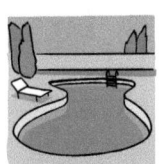

бассейн

bazen

газонокосилка

kosilica

пододеяльник

postoljina

покрывало

pokrivač

кровать

krevet

метла

metla

ведро

kanta

выключатель

prekidač

гостиная
dnevni boravak

обои
tapeta
рисунок
fotografija
лампа
lampa
полка
polica
шкаф
ormar
телевизор
televizija
камин
dimnjak
цветок
cvijet
подушка
jastuk
диван
kauč
ваза
vaza
пульт дистанционного управления
daljinski upravljač

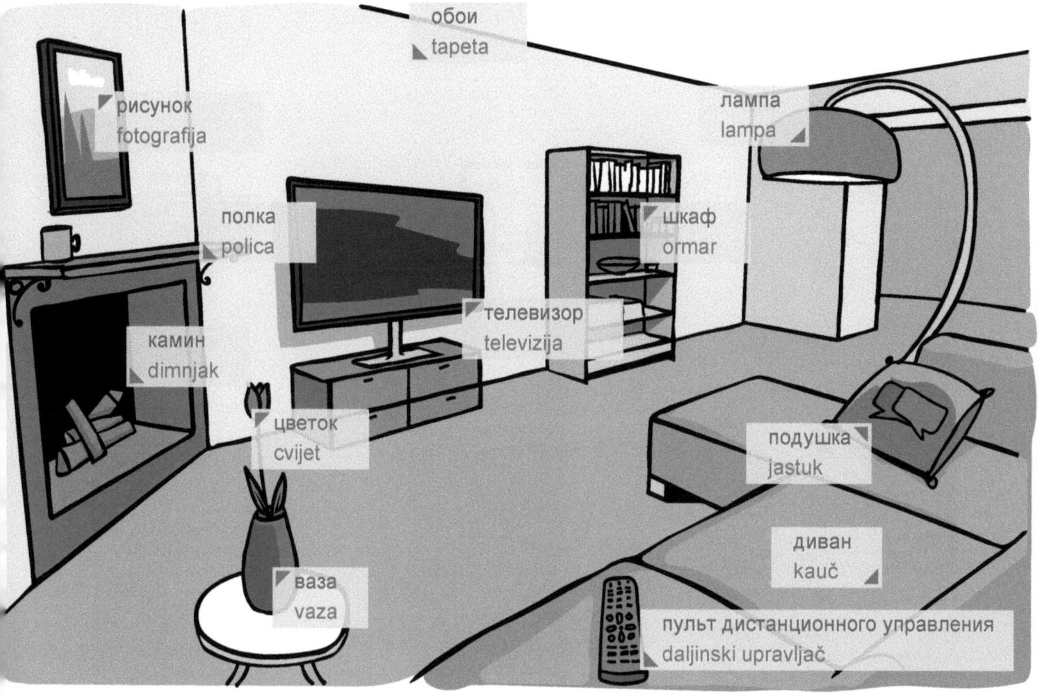

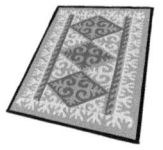

ковёр
tepih

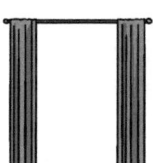

штора
zavjesa

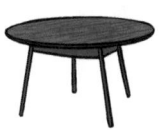

стол
stol

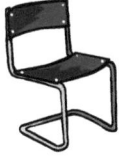

стул
stolica

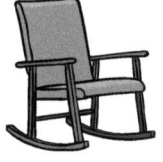

кресло-качалка
stolica za ljuljanje

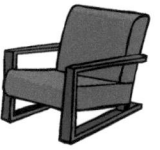

кресло
fotelja

книга

knjiga

покрывало

deka

украшение

dekoracija

дрова

ložno drvo

фильм

film

стереосистема

stereo uređaj

ключ

ključ

газета

novine

картина

umjetnička slika

плакат

pootor

радио

radio

блокнот

blok za bilješke

пылесос

usisavač

кактус

kaktus

свеча

svijeća

гостиная - dnevni boravak

кухня
kuhinja

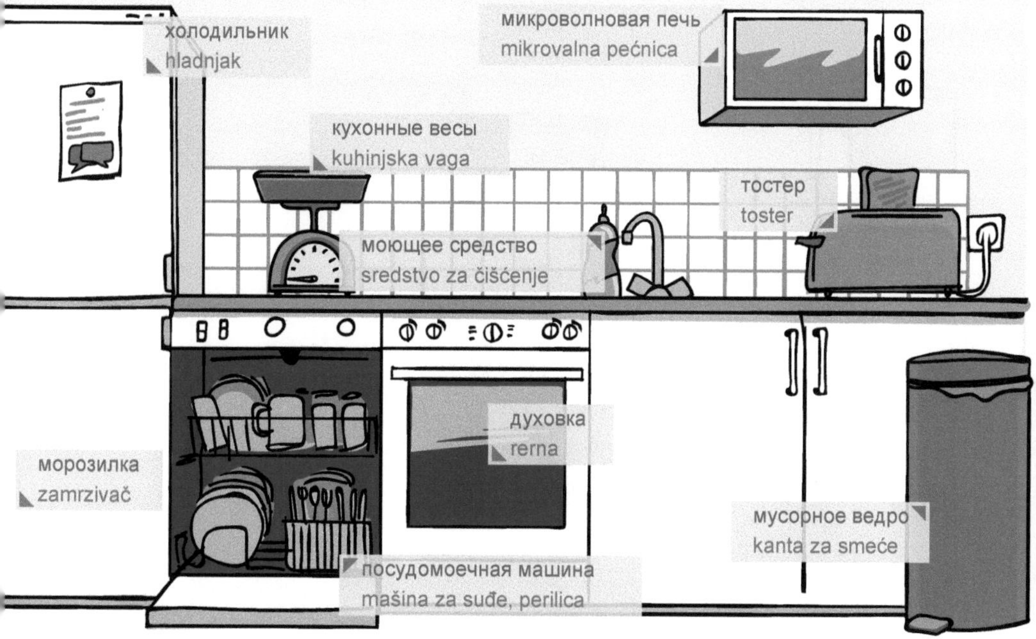

холодильник
hladnjak
микроволновая печь
mikrovalna pećnica
кухонные весы
kuhinjska vaga
тостер
toster
моющее средство
sredstvo za čišćenje
духовка
rerna
морозилка
zamrzivač
мусорное ведро
kanta za smeće
посудомоечная машина
mašina za suđe, perilica

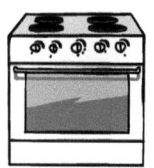

плита

peć

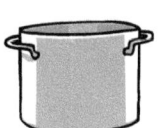

кастрюля

lonac

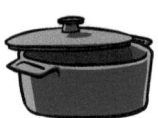

чугунный котелок

metalni lonac

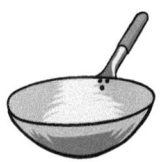

вок / кадай

vok / kadai

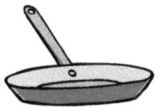

сковорода

tava, tiganj

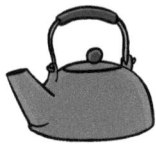

чайник

kuhalo

пароварка

aparat za kuhanje na pari

противень

lim za pečenje

посуда

posuđe

кружка

šalica

миска

činija

палочки для еды

kineski štapići

половник

kutlača

лопатка

lopatica

сбивалка

metlica za snijeg bjelanjca

сито

sito za kuhanje

сито

sito

тёрка

ribež

ступка

avan s tučkom

гриль

roštilj

костёр

ložište

доска

daska

скалка

oklagija

штопор

vadičep

жестяная банка

konzerva

консервный нож

otvarač za konzerve

прихватка

krpe za lonac

раковина

sudoper

щетка

četka

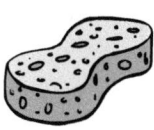

губка

spužva

миксер

mikser

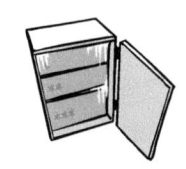

морозильная камера

zamrzivač

бутылочка для кормления

flašica za bebu

кран

slavina

ванная комната
kupatilo

отопление
grijanje
полотенце
peškir
душ
tuš
душевая занавеска
zavjesa za tuš
пенистая ванна
pjenušava kupka
ванна
kada
стакан
čaša
стиральная машина
mašina za veš
кран
slavina
плитка
pločice
горшок
dječja kahlica
раковина
sudoper

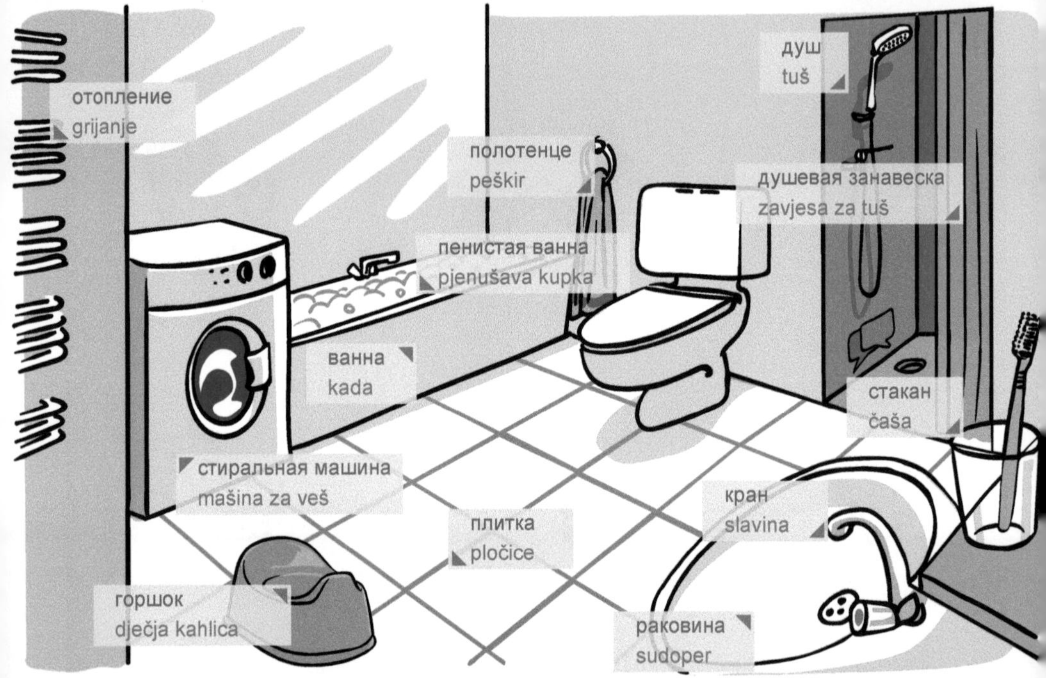

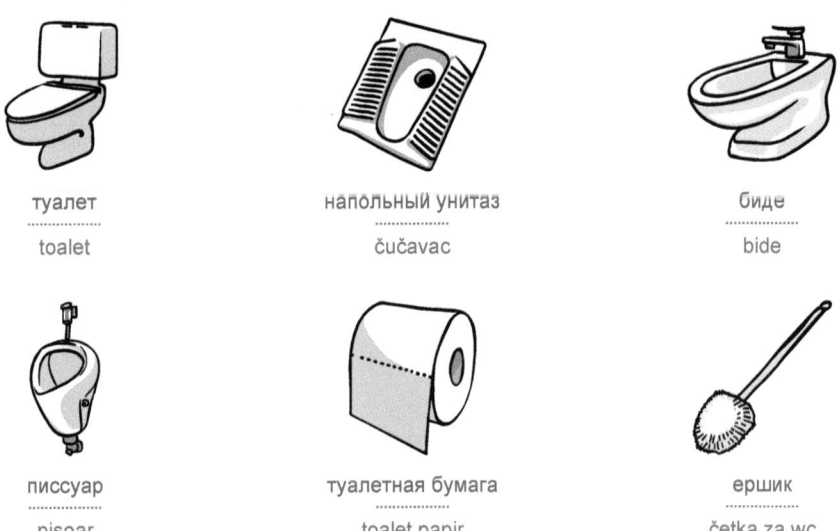

туалет
toalet

напольный унитаз
čučavac

биде
bide

писсуар
pisoar

туалетная бумага
toalet papir

ершик
četka za wc

зубная щётка

četkica za zube

зубная паста

pasta za zube

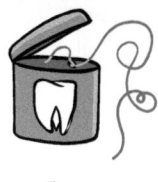

зубная нить

zubni konac

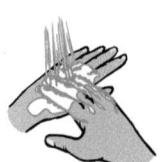

мыть

prati

ручной душ

tuš

интимный душ

intimni tuš

таз

lavor

щётка для спины

četka za leđa

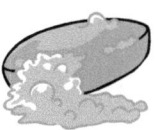

мыло

sapun

гель для душа

gel za tuširanje

шампунь

šampon

мочалка

krpe za pranje

сток

odvod

крем

krema

дезодорант

dezodorans

зеркало

ogledalo

ручное зеркало

ogledalo za šminkanje

бритва

brijač

пена для бритья

pjena za brijanje

лосьон после бритья

vodica poslije brijanja

расческа

češalj

щетка

četka

фен

fen

лак для волос

sprej za kosu

косметика

puder

губная помада

karmin

лак для ногтей

lak za nokte

вата

vata

маникюрные ножницы

makazice za nokte

духи

parfem

ванная комната - kupatilo

косметичка

kozmetička torbica

табуретка

hoklica

весы

vaga

халат

kupaći ogrtač

резиновые перчатки

rukavice za čišćenje

тампон

tampon

гигиеническая прокладка

uložak za dame

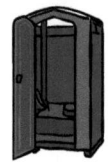

биотуалет

hemijski toalet

детская комната
dječija soba

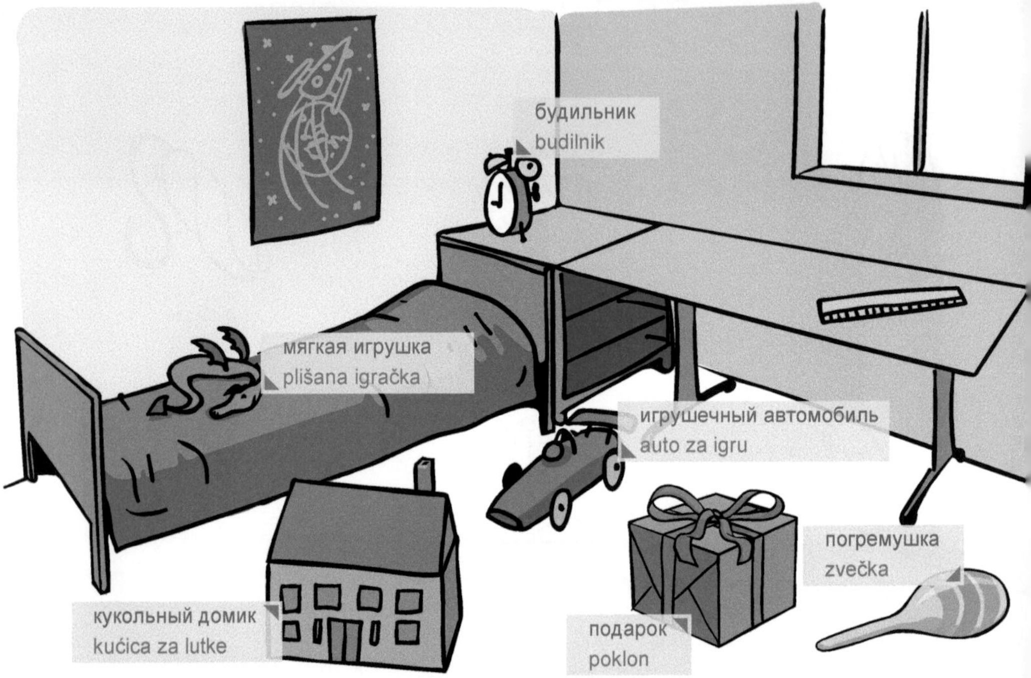
будильник
budilnik
мягкая игрушка
plišana igračka
игрушечный автомобиль
auto za igru
погремушка
zvečka
кукольный домик
kućica za lutke
подарок
poklon

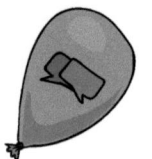

воздушный шар
balon

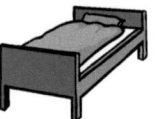

кровать
krevet

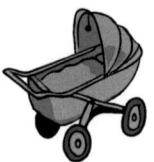

детская коляска
kolica za djecu

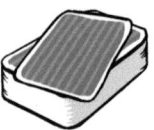

карточная игра
karte za igranje

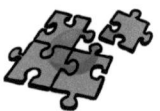

пазл
puzle

комикс
strip

кирпичики Лего

lego kockice

кубики

kockice za gradnju

игрушечная фигурка

akcione figure

ползунки

benkica

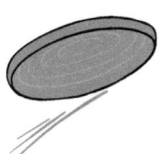

фрисби

frizbi

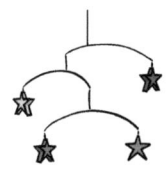

мобиле

mobile

настольная игра

igra na ploči

кубик

kocka

модель железной дороги

miniatura željeznice

соска

cucla

вечеринка

zabava

книга с картинками

slikovnica

мяч

lopta

кукла

lutka

играть

igrati

песочница

pješćanik

качели

ljuljačka

игрушка

igračke

игровая приставка

konzola za igru

трёхколесный велосипед

triciklo

плюшевый медвежонок

medvjedić

шкаф для одежды

ormar

одежда

odjeća

носки

kratke čarape

чулки

čarape

колготки

hulahopke

шарф
šal

зонтик
kišobran

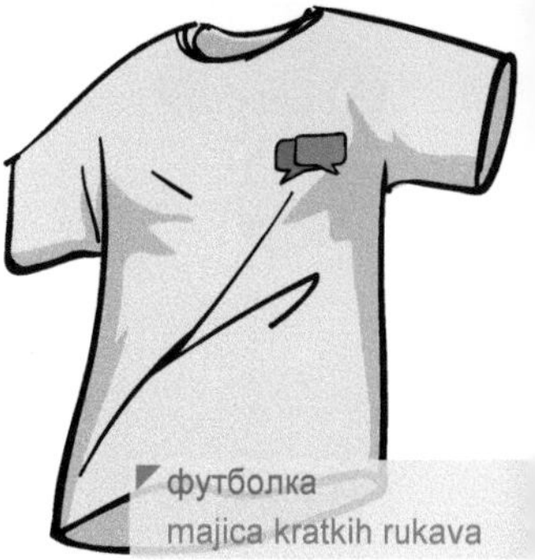

ремень
kaiš

футболка
majica kratkih rukava

кроссовки
patike

сапоги
čizme

тапки
papuče

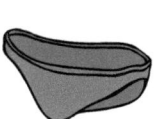

сандалии
sandale

ботинки
cipele

резиновые сапоги
gumene čizme

трусы
gaće

бюстгальтер
grudnjak

майка
potkošulja

боди

bodi

брюки

hlače

джинсы

farmerke

юбка

suknja

блузка

bluza

рубашка

košulja

свитер

džemper

свитер

majica

спортивная куртка

sako

жакет

jakna

пальто

mantil

плащ

kišni mantil

костюм

kostim

платье

haljina

свадебное платье

vjenčanica

мужской костюм

odijelo

ночная сорочка

spavaćica

пижама

pidžama

сари

sari

платок

marama

тюрбан

turban

паранджа

burka

кафтан

kaftan

абайя

abaja

купальник

kupaći kostim

плавки

kupaće gaće

шорты

kratke hlače

спортивный костюм

trenerka

фартук

pregača

перчатки

rukavice

пуговица

dugme

очки

naočare

браслет

narukvica

цепочка

ogrlica

кольцо

prsten

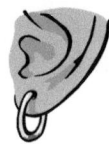

серьга

naušnica

шапка

kapa

вешалка

vješalica

шляпа

šešir

галстук

kravata

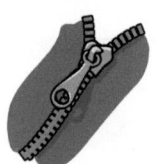

застежка молния

patentni zatvarač

шлем

kaciga

подтяжки

tregeri za hlače

школьная форма

školska uniforma

форма

uniforma

детский нагрудник

podbradak

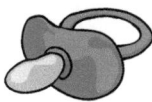

соска

cucla

подгузник

pelene

офис
ured

канцелярский шкаф
ormar za kartoteku

сервер
server

бумага
papir

принтер
štampač

монитор
monitor

письменный стол
pisaći sto

мышь
miš

папка
registrator

клавиатура
tastatura

корзина для бумаг
korpa za papir

компьютер
kompjuter

стул
stolica

кофейная кружка

šolja za kafu

калькулятор

kalkulator

интернет

internet

ноутбук

laptop

письмо

pismo

сообщение

poruka

мобильный телефон

mobilni telefon

сеть

mreža

ксерокс

aparat za kopiranje

программа

softver

телефон

telefon

розетка

utičnica

факс

faks

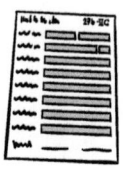

формуляр

formular

документ

dokument

покупать

kupovati

платить

platiti

торговать

trgovati

деньги

novac

 **USD**

доллар

dolar

 **EUR**

евро

euro

 **JPY**

иена

jen

 **RUB**

рубль

rublja

 **CHF**

франк

franak

 **CNY**

жэньминьби юань

renminbi jen

 **INR**

рупия

rupi

банкомат

bankomat

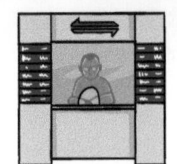

пункт обмена валюты

mjenjačnica

золото

zlato

серебро

srebro

нефть

nafta

энергия

energija

цена

cijena

договор

ugovor

налог

porez

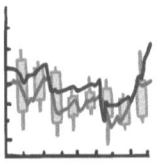

акция

akcija

работать

raditi

служащий

službenik

работодатель

poslodavac

фабрика

fabrika

магазин

radnja

экономика - ekonomija

профессии
zanimanja

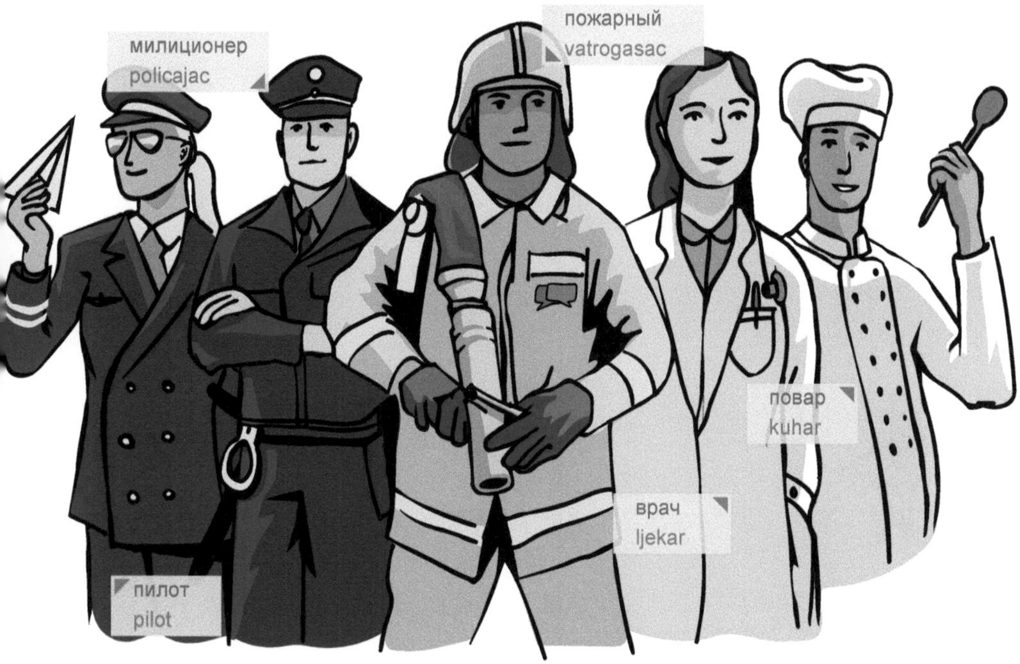
милиционер
policajac
пожарный
vatrogasac
повар
kuhar
врач
ljekar
пилот
pilot

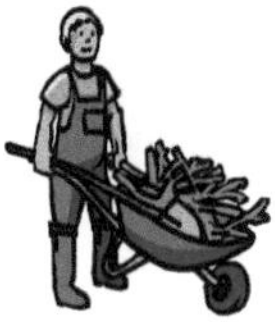

садовник

baštovan

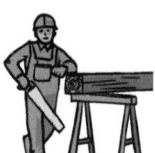

столяр

stolar

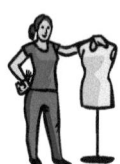

швея

krojačica

судья

sudija

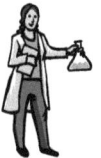

химик

hemičar

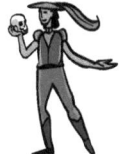

актёр

glumac

водитель автобуса

vozač autobusa

таксист

vozač taksija

рыбак

ribar

уборщица

čistačica

кровельщик

krovopokrivač

официант

konobar

охотник

lovac

художник

moler

пекарь

pekar

электрик

električar

строитель

građevinski radnik

инженер

inženjer

мясник

koljač

сантехник

limar, vodoinstalater

почтальон

poštar

солдат

vojnik

архитектор

arhitekta

кассир

blagajnik

флорист

cvjećar

парикмахер

frizer

кондуктор

kontrolor

механик

mehaničar

капитан

kapiten

зубной врач

zubar

ученый

naučnik

раввин

rabin

имам

imam

монах

monah

священник

sveštenik

инструменты

alat

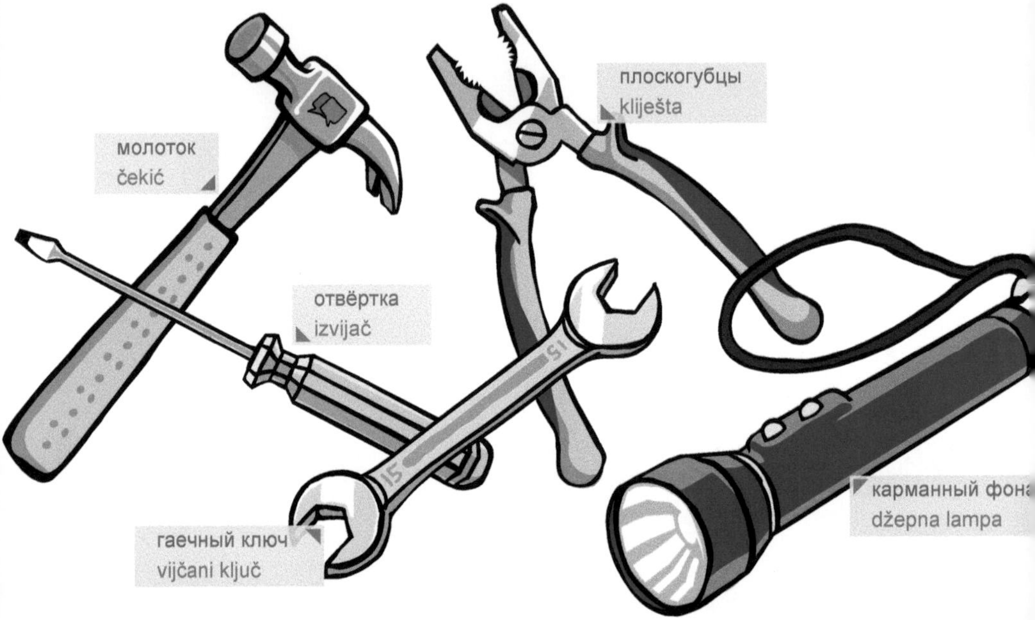

молоток
čekić
плоскогубцы
kliješta
отвёртка
izvijač
карманный фона
džepna lampa
гаечный ключ
vijčani ključ

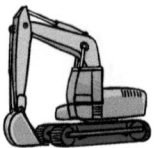

экскаватор

bager

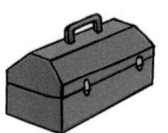

ящик для инструментов

kutija sa alatom

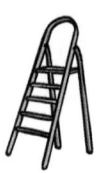

стремянка

ljestve

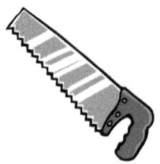

пила

testera, pila

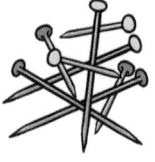

гвозди

ekser

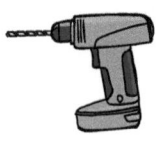

дрель

bušilica

ремонтировать

popraviti

лопата

lopata

Блин!

sranje!

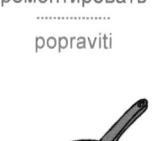

совок

lopatica

ведро с краской

kanta boje

винты

vijak

музыкальные инструменты
muzički instrumenti

громкоговоритель
zvučnik

ударный инструмент
bubnjevi

гитара
gitara

контрабас
kontrabas

труба
truba

пианино

klavir

скрипка

violina

бас-гитара

bas

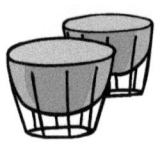

литавры

bubanj timpani

барабан

bubanj

синтезатор

sintisajzer

саксофон

saksofon

флейта

flauta

микрофон

mikrofon

зоопарк
zološki vrt

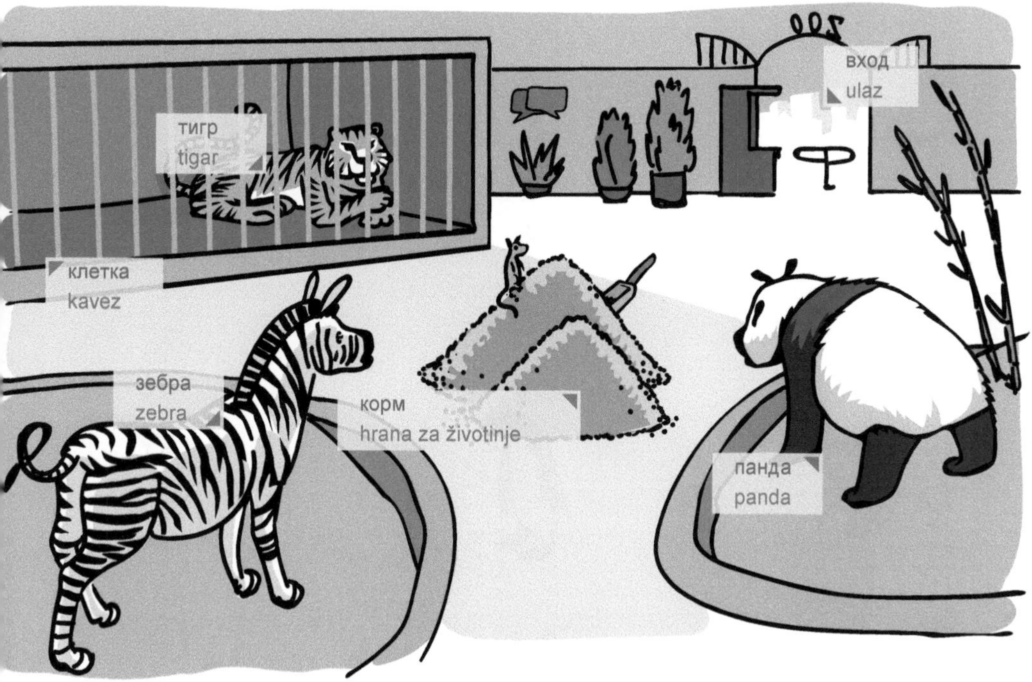

вход
ulaz
тигр
tigar
клетка
kavez
зебра
zebra
корм
hrana za životinje
панда
panda

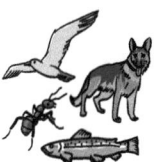

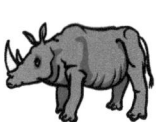

животные

životinje

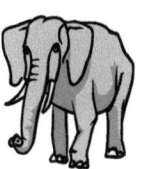

слон

slon

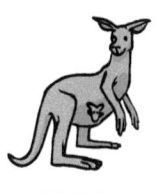

кенгуру

kengur

носорог

nosorog

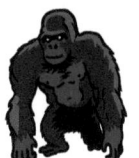

горилла

gorila

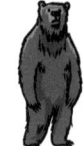

медведь

medvjed

верблюд

kamila

страус

noj

лев

lav

обезьяна

majmun

фламинго

flamingo

попугай

papagaj

белый медведь

polarni medvjed

пингвин

pingvin

акула

morski pas

павлин

paun

змея

zmija

крокодил

krokodil

служитель зоопарка

čuvar u zološkom vrtu

тюлень

tuljan

ягуар

jaguar

пони

poni

леопард

leopard

бегемот

nilski konj

жираф

žirafa

орёл

orao

кабан

divlja svinja

рыба

riba

черепаха

kornjača

морж

morž

лиса

lisica

газель

gazela

американский футбол
američki fudbal

езда на велосипеде
vožnja bicikla

теннис
tenis

баскетбол
košarka

плавание
plivanje

бокс
boks

хоккей
hokej na ledu

футбол
fudbal

бадминтон
bedminton

лёгкая атлетика
laka atletika

гандбол
rukomet

лыжный спорт
skijanje

поло
polo

прыгать
skakati

обнимать
zagrliti

смеяться
smijati se

идти
ići

петь
pjevati

молиться
moliti

целовать
ljubiti

мечтать
sanjati

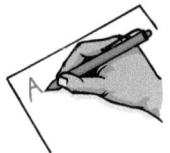

писать

pisati

рисовать

crtati

показывать

pokazati

нажимать

gurati

давать

dati

брать

uzeti

иметь

imati

делать

raditi

быть

biti

стоять

stajati

бежать

trčati

тянуть

vući

бросать

baciti

падать

pasti

лежать

ležati

ждать

čekati

носить

nositi

сидеть

sjediti

надевать

obući

спать

spavati

просыпаться

probuditi

рассматривать

pogledati

плакать

plakati

гладить

milovati

причесывать

češljati

говорить

govoriti

понимать

razumjeti

спрашивать

pitati

слушать

slušati

пить

piti

кушать

jesti

наводить порядок

pospremiti

любить

voljeti

готовить

kuhati

ехать

voziti

летать

letjeti

ходить под парусом

jedriti

считать

računati

читать

čitati

учиться

učiti

работать

raditi

вступать в брак

vjenčavti

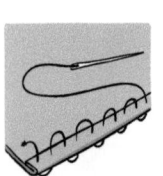

шить

šiti

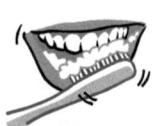

чистить зубы

prati zube

убивать

ubiti

курить

pušiti

отправлять

slati

бабушка
baka

дедушка
djed

папа
otac

мама
majka

младенец
beba

дочь
kćerka

сын
sin

гость

gost

тетя

ujna, tetka, strina

дядя

ujak, tetak, stric

брат

brat

сестра

sestra

тело
tijelo

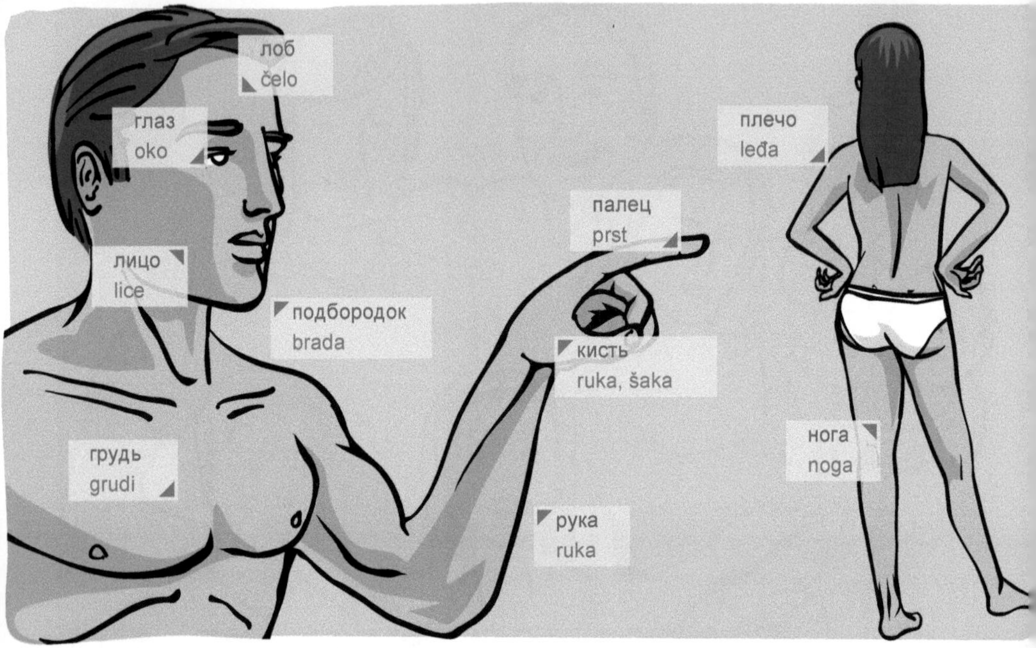

лоб
čelo

глаз
oko

плечо
leđa

палец
prst

лицо
lice

подбородок
brada

кисть
ruka, šaka

грудь
grudi

нога
noga

рука
ruka

младенец

beba

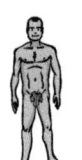

мужчина

muškarac

женщина

žena

девочка

djevojčica

мальчик

dječak

голова

glava

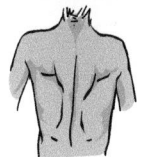

спина

leđa

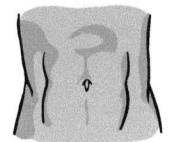

живот

stomak

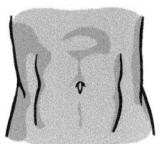

пупок

pupak

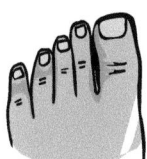

палец ноги

nožni prst

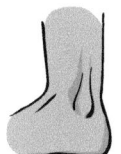

пятка

peta

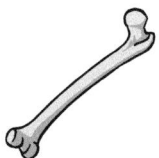

кость

kosti

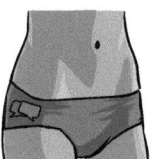

бедро

kuk

колено

koljeno

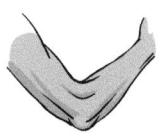

локоть

lakat

нос

nos

ягодицы

stražnjica

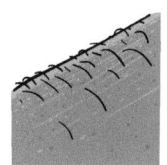

кожа

koža

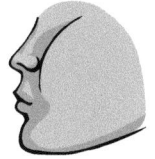

щека

obraz

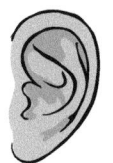

ухо

uho

губа

usna

тело - tijelo

рот

usta

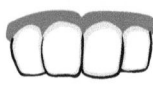

зуб

zub

язык

jezik

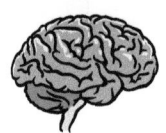

мозг

mozak

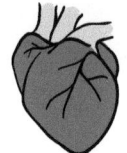

сердце

srce

мышца

mišić

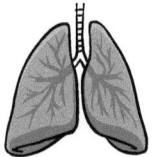

лёгкое

pluća

печень

jetra

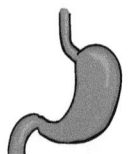

желудок

želudac

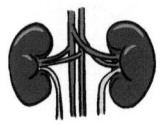

почки

bubreg

половой акт

spolni odnos

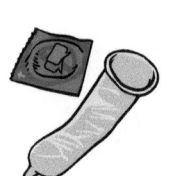

презерватив

kondom

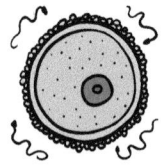

яйцеклетка

jajna ćelija

сперма

sperma

беременность

trudnoća

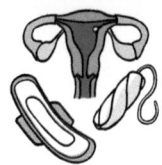

менструация

menstruacija

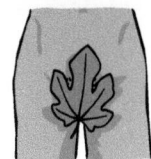

вагина

vagina

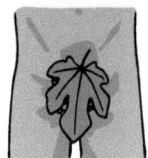

пенис

penis

бровь

obrva

волосы

kosa

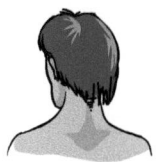

шея

vrat

больница

bolnica

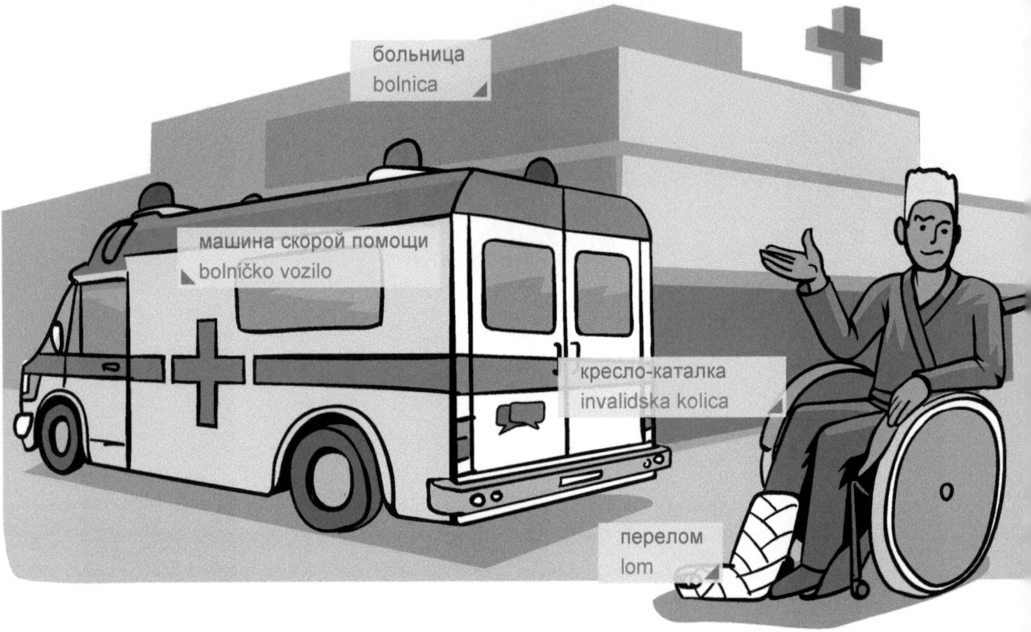

больница
bolnica
машина скорой помощи
bolničko vozilo
кресло-каталка
invalidska kolica
перелом
lom

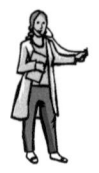

врач
ljekar

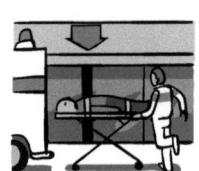

пункт первой помощи
hitna služba

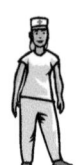

медсестра
medicinska sestra

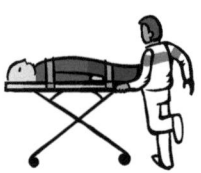

неотложный случай
hitna pomoć

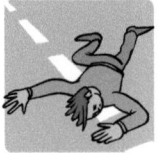

без сознания
nesvjest

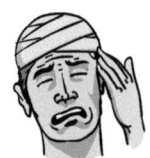

боль
bol

повреждение

povreda

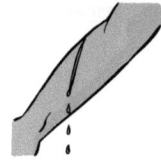

кровотечение

krvarenje

инфаркт

srčani udar, infarkt

инсульт

moždani udar

аллергия

alergija

кашель

kašalj

повышенная температура

groznica

грипп

gripa

понос

proljev

головная боль

glavobolja

рак

rak

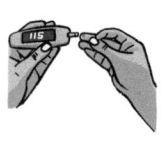

диабет

dijabetes

хирург

hirurg

скальпель

skalpel

операция

operacija

КТ

CT

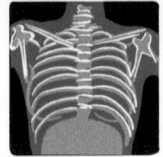

рентген

rendgen

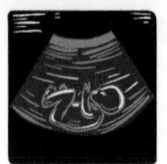

ультразвук

ultrazvuk

маска

maska

болезнь

bolest

приёмная

čekaonica

костыль

štake

пластырь

flaster

бинт

zavoj

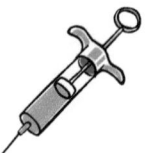

укол

injekcija

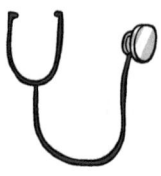

стетоскоп

stetoskop

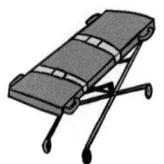

носилки

nosilo

термометр

termometar

рождение

porod

избыточный вес

prekomjerna težina, debljina

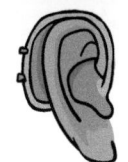

слуховой аппарат

slušni aparat

дезинфекционное средство

sredstvo za dezinfekciju

инфекция

infekcija

вирус

virus

ВИЧ / СПИД

HIV/ AIDS

лекарство

medicina

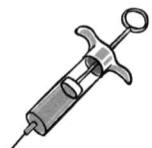

прививка

vakcinacija

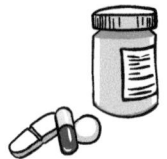

таблетки

tablete

противозачаточная таблетка

pilula

экстренный вызов

hitni poziv

прибор для измерения кровяного давления

aparat za mjerenje pritiska

больной / здоровый

bolestan / zdrav

больница - bolnica

сигнал тревоги

alarm

нападение

napad, prepad

Помогите!

Upomoć!

атака

napad

опасность

opasnost

запасной выход

izlaz u slučaju opasnosti

Пожар!

Požar!

огнетушитель

vatrogasni aparat

несчастный случай

nezgoda

аптечка

torba prve pomoći

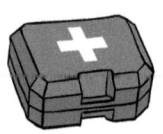

SOS

SOS

милиция

policija

Европа

Europa

Северная Америка

Sjeverna Amerika

Южная Америка

Južna Amerika

Африка

Afrika

Азия

Azija

Австралия

Australija

Атлантический океан

Atlantik

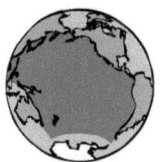

Тихий океан

Pacifik

Индийский океан

Indijski okean

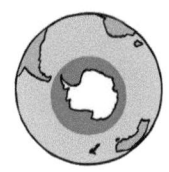

Антарктический океан

Antarktički okean

Северный Ледовитый океан

Arktički okean

Северный полюс

Sjeverni pol

Южный полюс

Južni pol

Антарктика

Antarktik

земля

Zemlja

суша

zemlja

море

more

остров

ostrvo

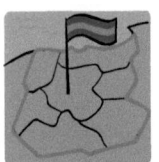

нация

nacija

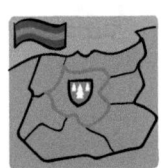

государство

država

земля - Zemlja

циферблат

brojčanik sata

часовая стрелка

kazaljka sata

минутная стрелка

kazaljka minute

секундная стрелка

kazaljka sekunde

Который час?

Koliko je sati?

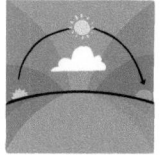

день

dan

время

vrijeme

сейчас

sada

электронные часы

digitalni sat

минута

minuta

час

sat

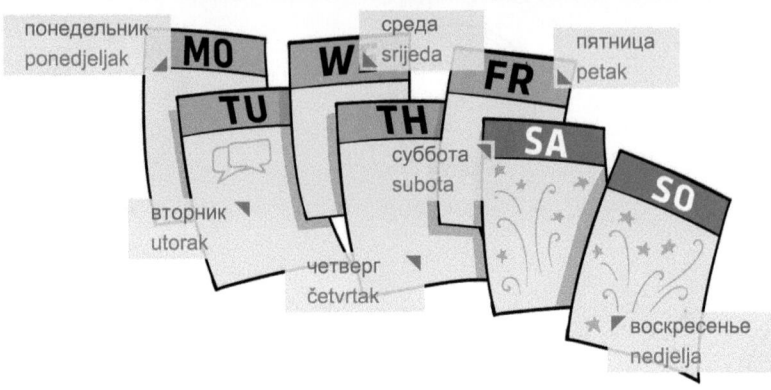

понедельник
ponedjeljak
MO

среда
srijeda
W

пятница
petak
FR

TU

TH

суббота
subota
SA

SO

вторник
utorak

четверг
četvrtak

воскресенье
nedjelja

вчера
juče

сегодня
danas

завтра
sutra

утро
jutro

полдень
podne

вечер
veče

MO	TU	WE	TH	FR	SA	SU
1	2	3	4	5	6	7
8	9	10	11	12	13	14
15	16	17	18	19	20	21
22	23	24	25	26	27	28
29	30	31	1	2	3	4

рабочие дни
radni dani

MO	TU	WE	TH	FR	SA	SU
1	2	3	4	5	6	7
8	9	10	11	12	13	14
15	16	17	18	19	20	21
22	23	24	25	26	27	28
29	30	31	1	2	3	4

выходные
vikend

год

godina

дождь
kiša
радуга
duga
ветер
vjetar
снег
snijeg
весна
proljeće
лето
ljeto
осень
jesen
зима
zima

4.APRIL 11°
5.APRIL 4°
6.APRIL 13°
7.APRIL 8°
8.APRIL 10°

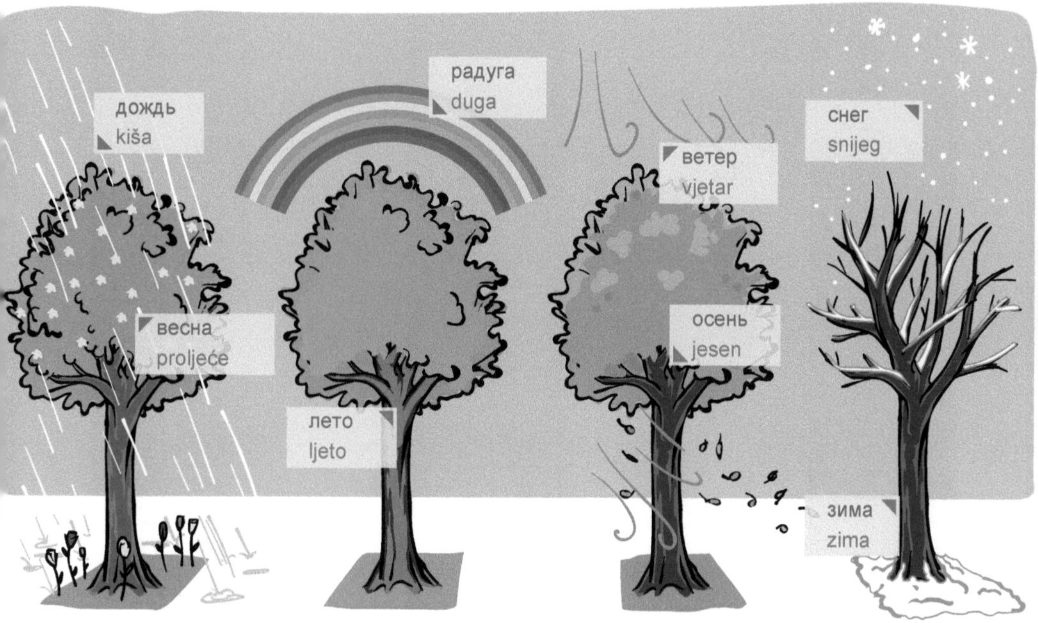

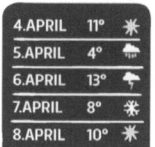

прогноз погоды

prognoza vremena

F C
120 90 60 30 0 -30
40 30 20 10 0 -10 -20

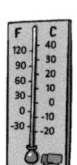

термометр

termometar

солнечный свет

sunčev sjaj

туча

oblak

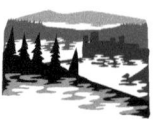

туман

magla

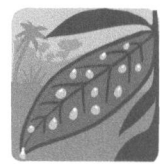

влажность воздуха

vlažnost vazduha

молния

munja

гром

grom

буря

oluja

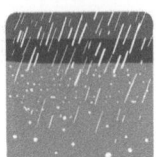

град

tuča, led

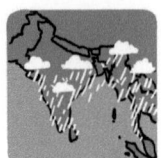

муссон

monsun

наводнение

poplava

лёд

led

январь

januar

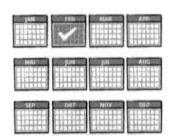

февраль

februar

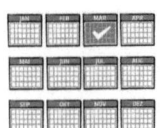

март

mart

апрель

april

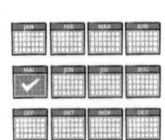

май

maj

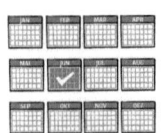

июнь

juni

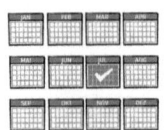

июль

juli

август

avgust

год - godina

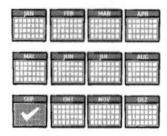

сентябрь

septembar

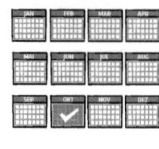

октябрь

oktobar

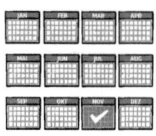

ноябрь

novembar

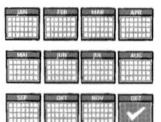

декабрь

decembar

формы
oblici

круг

krug

квадрат

kvadrat

прямоугольник

pravougao

треугольник

trougao

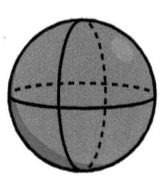

шар

kugla

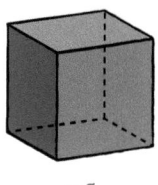

куб

kocka

белый

bjel

желтый

žut

оранжевый

narandžast

розовый

pink

красный

crven

лиловый

ljubičast

синий

plav

зелёный

zelen

коричневый

smeđ

серый

siv

черный

crn

много / мало

malo / mnogo

яростный / мирный

ljutit / miran

красивый / уродливый

lijep / ružan

начало / конец

početak / kraj

большой / маленький

veliki / mali

светлый / темный

svijetlo / tamno

брат / сестра

brat / sestra

чистый / грязный

čist / prljav

полный / неполный

potpun / nepotpun

день / ночь

dan / noć

мёртвый / живой

mrtav / živ

широкий / узкий

široko / usko

съедобный / несъедобный

ukusno / neukusno

злой / дружелюбный

zao / prijatan

взволнованный /
скучающий

uzbuđen / dosadan

толстый / худой

debeo / mršav

сначала / в конце

najprije / najkasnije

друг / враг

prijatelj / neprijatelj

полный / пустой

pun / prazan

твёрдый / мягкий

trvd / mekan

тяжёлый / легкий

težak / lagan

голод / жажда

glad / žeđ

больной / здоровый

bolestan / zdrav

незаконный / законный

ilegalan / legalan

умный / глупый

inteligentan / glup

слева / справа

lijevo / desno

близко / далеко

blizu / daleko

новый / подержанный

nov / polovan

ничто / нечто

ništa / nešto

старый / молодой

star / mlad

включено / выключено

uključeno / isključeno

открыто / закрыто

otvoreno / zatvoreno

тихо / громко

tiho / glasno

богатый / бедный

bogat / siromašan

правильный /
неправильный
tačno / pogrešno

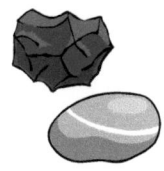

шероховатый / гладкий

hrapav / glatak

печальный / счастливый

tužan / srećan

короткий / длинный

kratak / dug

медленный / быстрый

spor / brz

мокрый / сухой

mokro / suho

тёплый / прохладный

toplo / hladno

война / мир

rat / mir

противоположности - suprotnosti

0
ноль

nula

1
один

jedan

2
два

dva

3
три

tri

4
четыре

četiri

5
пять

pet

6
шесть

šest

7
семь

sedam

8
восемь

osam

9
девять

devet

10
десять

deset

11
одиннадцать

jedanaest

12

двенадцать

dvanaest

13

тринадцать

trinaest

14

четырнадцать

četrnaest

15

пятнадцать

petnaest

16

шестнадцать

šesnaest

17

семнадцать

sedamnaest

18

восемнадцать

osamnaest

19

девятнадцать

devetnaest

20

двадцать

dvadeset

100

сто

sto

1.000

тысяча

hiljada

1.000.000

миллион

milion

английский

engleski

американский английский

američki engleski

мандаринский китайский

kinesko mandarinski

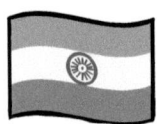

хинди

hindi

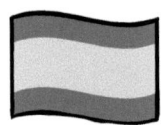

испанский

španski

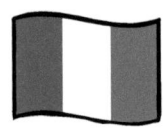

французский

francuski

арабский

arapski

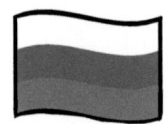

русский

ruski

португальский

portugalski

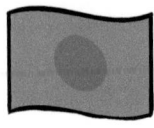

бенгальский

bengalski

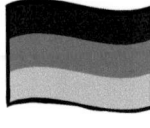

немецкий

njemački

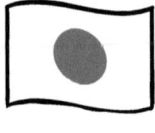

японский

japanski

я
ja

ты
ti

он / она / оно
on / ona / ono

мы
mi

вы
vi

они
oni

кто?
ko?

что?
šta?

как?
kako?

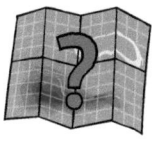

где?
gdje?

когда?
kada?

имя
ime

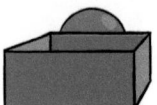

за

iza

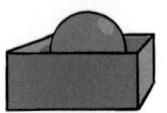

в

u

перед

pred

над

iznad

на

na

под

ispod

рядом

pored

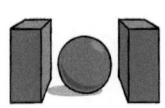

между

između

место

mjesto